lifecollege

Michael Bauer

Michael Bauer

Selbst-Coaching

...Zeit für Neues!

Ein Coaching-Ratgeber

Impressum

Selbst-Coaching

Autor:
Michael Bauer / 92224 Amberg

ISBN: 978-3-944803-70-8 (Paperback)

Verlag:
Michael Bauer – Lifecollege
Hinter der Veste 2
92224 Amberg

(ISBN des e-books: 978-3-944803-53-1)

www.lifecollege.de

Druck:
Books on Demand GmbH
In de Tarpen 42
22848 Norderstedt

Bibliografische Information der Deutschen Nationalbibliothek: Die Deutsche Nationalbibliothek verzeichnet diese Publikation in der Deutschen Nationalbibliografie; detaillierte bibliografische Daten sind im Internet über http://dnb.d-nb.de abrufbar.

Inhaltsverzeichnis:

Vorwort

Wie ich in einigen Fällen meiner Arbeit als Coach beobachtet habe, leiden die Menschen nicht selten unter den Folgen von „Fortschritten". Viele Neuerungen der Technik und deren Auswirkungen auf unsere Welt, aber auch die dadurch bewirkte Umstellung von Denk- und Verhaltensgewohnheiten bringen dem Menschen nicht nur Positives. So geschieht es, dass man manchmal das Maß für eine natürliche, einfache und selbst bestimmte Sichtweise der Dinge aus den Augen verliert.

Vermehrter Stress und die Angst und Sorge um die Erhaltung der gewonnenen Standards lassen die Menschen oft Wege gehen, die es ihnen im Grunde nur erschweren, einen erfüllenden Mehrwert in ihrem Leben zu schaffen. Anstatt zu agieren wird häufig nur reagiert.
Dies führt nicht selten zu einer folgenreichen Verkettung von Umständen und Denkprozessen, welche den Menschen hineinzieht in eine Verkomplizierung des eigenen Daseins. Häufig resultiert daraus eine (psychisch verminderte) Lebensqualität, die im Grunde viel besser sein könnte.

Dieses Buch soll dazu anregen, eine etwaige Krise als Chance zu erkennen und zugleich Lösungsmöglichkeiten aufzeigen. Ich stelle Ihnen Möglichkeiten und Techniken vor, wie Sie „Altlasten" auflösen, eine positivere Einstellung erreichen und von dieser profitieren können. Lesen Sie das Buch von Anfang bis Ende und der Reihe nach. So kann sich der Inhalt im Unterbewusstsein ausbreiten und entsprechende Veränderungen anleiten.

PS: Ich stelle Ihnen in diesem Buch jede Menge

Fragen. Wenn Sie in Ihrem Leben etwas verändern möchten, so lohnt es sich, darüber nachzudenken, wie Sie sie beantworten möchten, um positive Veränderungen zu erzielen.

Das Leben durch die Sprache verstehen

Um die Grundzüge des menschlichen Verhaltens im Groben zu verstehen, ist es notwendig, dass wir uns erst einmal der menschlichen Sprache zuwenden.

Wie wir alle wissen, kommt der Mensch auf die Welt ohne ein Wort irgendeiner Sprache zu beherrschen. Alles, wodurch er sich anfangs mitteilen kann, ist Schreien, Weinen und Kreischen – und auch durch Lächeln, Lachen und Strahlen...

Mit der Zeit lernt der Mensch nun die Sprache der Menschen, welche ihn umgeben, und lernt gleichzeitig, die gelernten Wörter in Zusammenhang mit Gefühlen und Handlungen zu bringen. Und genauso bringt er seine Gefühle in Zusammenhang mit Wörtern.

Während das Wort „Kindergeburtstag" bei dem einen Menschen die schönsten Erinnerungen und Gefühle „hochkommen" lässt, erlebt ein anderer, der in diesem Zusammenhang leidvolle Erfahrungen gemacht hat, nur Angst, Verzweiflung, Verlustangst etc.

Durch dieses „Lernen" tritt also auch eine Art „Verallgemeinerung" im Unterbewussten ein. Ebenso wie wir manchmal auch lernen, bestimmte Dinge auszublenden, sprich nicht (mehr) wahrnehmen. Zudem haben wir mit dem Erlernen einer Sprache auch die Möglichkeit, Erfahrungen einen Namen zu geben und zugleich von Erfahrungen anderer Menschen zu profitieren.

Genauso können dem Menschen aber auch Nachteile durch die Sprache entstehen, etwa durch nachteilige

Suggestionen wie z. B. „Im Alter fallen den Menschen die Zähne aus", „Alle Reichen sind Betrüger", „Aus dir wird nie etwas werden" und so weiter.

Nehmen wir solche grundsätzlichen Aussagen vermehrt im Säuglings- und Kleinkindalter auf (aber auch in emotionalen Ausnahmezuständen oder Schockerlebnissen), können so genannte Metaprogramme und Glaubensmuster entstehen, welche uns oftmals ein ganzes Leben lang führen und leiten, ohne dass wir uns dessen bewusst sind.

Und so sind wir schon beim ersten Problem bzw. bei der ersten Chance, unserem Leben einen positiven Auftrieb zu geben - und zu erkennen, aus welchen Gründen wir vielleicht:

- immer dieselben Fehler machen.
- immer auf die gleiche Art von Menschen und Situationen treffen.
- etc. (ganz einfach „der Hamster im Rädchen" sind...).

Im Grunde sind wir stets bestrebt, solche unbewussten Muster und Programme aufrecht zu erhalten. Sprich: Sind wir unbewusst davon überzeugt „eine Niete" zu sein, so werden wir ständig bestrebt sein, diese Programmierung aufrecht zu erhalten.

Die große Chance der Sprache ist also:

- Wir haben die Möglichkeit, uns exakt mitzuteilen (bitte achten Sie auf das Wort „exakt").
  Je mehr Sie es verstehen, Ihr Ansinnen, Anliegen etc. exakt und rhetorisch geschickt zu formulieren, umso mehr besteht die Chance, dass Ihr Umfeld auch klar versteht, was Sie wirklich meinen und wirklich wollen.

- Wir haben die Möglichkeit, uns über die Sprache mit anderen auszutauschen und von deren Erfahrungen zu profitieren (dadurch können wir eine Menge Zeit sparen).

- Wir haben die Möglichkeit zu erfahren, was andere Menschen denken, wollen, haben etc. - und können so durch geschicktes Verhalten einen eigenen Vorteil ansteuern oder einen solchen für andere erwirken.

Der Nachteil der Sprache ist demnach:

- Wir können durch falsches/ nicht förderliches Auffassen von Worten in einer nachteiligen Art und Weise geprägt werden.

- Wir können durch rhetorisch geschicktes Verhalten zu Handlungen gebracht werden, welche wir bewusst *so vielleicht* gar nicht möchten.

Wenn Sie also kommunizieren, egal ob mit Mitmenschen oder in Gedanken mit sich selbst, dann ist es von ungemeiner Wichtigkeit, darauf zu achten, dies bewusst vorzunehmen! Geben Sie sich nicht mit pauschalen Aussagen zufrieden, hinterfragen Sie alles, bis Sie es bis ins letzte Detail verstanden haben und drücken Sie sich ebenso klar aus!

Das Hinterfragen (intern wie extern, also sowohl verbal, als auch gedanklich) bewerkstelligen Sie am Besten mit Fragestellungen, die Sie sich Schritt für Schritt antrainieren (egal, ob Sie sich selbst oder anderen Menschen eine Frage stellen). Das Gehirn wird nicht darum herum kommen, bei jeder Frage die Sie stellen, einen Suchprozess auszulösen, um die Frage überhaupt zu verstehen. Ist der Suchprozess im Unterbewusstsein abgeschlossen, so begeben Sie sich automatisch (eben unbewusst) in die jeweilige Richtung des Ergebnisses.

Merke:
Wer fragt, der führt! Und wer führt, der bestimmt!

Und Sie wollen doch Ihr Leben selbst bestimmen, oder wozu lesen Sie dieses Buch?

Gute Fragen beginnen immer mit einem „W", also mit *Wer, Was, Wann, Wo, Wie, Wie viel, (Warum*) etc. - Sie können damit sowohl Ihre eigene, als auch die Aufmerksamkeit Ihres Gesprächspartners wunderbar lenken, entweder:

- zum Problem.
- zum Ziel.
- oder zur Ressource.

Haben Sie also ein Problem mit Person XY, so stellen Sie sich selbst die Fragen:

- *Woher* kenne ich dieses Problem?
- *Was genau* lässt mich dieses Problem erkennen?
- *Wie* fühlt es sich in mir an, wenn ich an diese Person denke?
- *Woher* kenne ich dieses Gefühl?
- *Wie* würde ich wohl über diese Person denken, wenn ich sie nicht mehr träfe, sie evtl. nicht mehr hier wohnen/arbeiten würde?
- *Wie* müsste eine Situation aussehen, in der ich mir vorstellen könnte, ein gutes Gefühl dieser Person gegenüber zu verspüren?
- *Was* könnte ich dazu beitragen, mir selbst zu erlauben, dieser Thematik zu entgehen?
- *Was* würde sich in meinem Leben ändern, wenn dieses Problem nicht (mehr) bestünde?
- Etc. (Was Ihnen selbst noch dazu einfällt.)

Es geht darum, sich so genau mit der jeweiligen Problematik zu befassen wie nur möglich. Wie bereits angesprochen, das Gehirn muss so Suchprozesse auslösen und kommt gar nicht umhin, Ihnen entsprechende Informationen zu liefern.

Sollte dies zu Beginn etwas schwer fallen, so lohnt es sich, sich Notizen zu machen und die Dinge schriftlich zu bearbeiten. Hierdurch erhält man etwas mehr Abstand zu sich selbst und hat die Möglichkeit, etwas über seine bisherigen Grenzen hinaus zu schauen.

Der gleiche Effekt kann mit folgenden Fragen erzielt werden:

- *Was* würde wohl ein Außenstehender zu dieser Thematik sagen, wenn er um die Umstände wüsste und diese in Ruhe betrachten könnte?
- *Was* werde ich wohl am Ende meines Lebens über die aktuell noch bestehende Problematik denken?

Fühlen Sie sich bitte nicht überfordert, wir sind ja erst am Beginn dieses Buches...

Im Moment geht es zunächst nur darum, etwas mehr Gefühl für die Sprache zu entwickeln, dafür, wie Sie deren Stellenwert und Funktionen einschätzen sollten, wie Sie diese gegebenenfalls aktuell besser nutzen könn(t)en – auch und gerade in Bezug auf Ihre Gedanken!

Und im Bezug auf dieses „optimale Nutzen" komme ich nun nicht umhin, Ihnen einen kleinen Tipp aus dem Bereich der Hypnose zu geben: Egal, was Sie sagen oder denken, formulieren Sie zu jeder Zeit positiv. Ihr Unterbewusstsein identifiziert sich u. a. nämlich auch mit Ihrer persönlichen Ausdrucksweise.

Sollten Sie es also gewohnt sein, Ihr Leben oder die Sichtweise, aus der Sie Ihr Leben heraus betrachten, permanent negativ zu formulieren, so brauchen Sie sich nicht über negative Gefühle zu wundern. Es lohnt sich, darauf zu achten, denn der Effekt ist sehr positiv.

Beispiele:

Früher sagten Sie: „Das ist ein Problem!"
Heute sagen Sie: „Na das ist doch mal eine Herausforderung!"

„Ich kann das nicht!" war ebenfalls gestern!
„Aktuell funktioniert das noch nicht" ist heute.

Bestimmt haben Sie bereits verstanden, worauf es ankommt, und damit Sie es noch besser verstehen, folgt hier ein weiterer Tipp:

Fühlen Sie das Gesprochene, das Gedachte auch richtig *positiv!*

Warum?
Weil Ihr Unterbewusstsein nicht nur auf Worte anspricht, sondern in noch viel höherem Maß auf Gefühle - und diesen wollen doch positive Gefühle und Resultate, oder?
Warten Sie nicht. Setzen Sie das Gelernte sofort und dauerhaft in die Realität um. Spielen Sie ein wenig mit den Fähigkeiten Ihrer positiven Gefühle!
Ich bin sicher Sie werden schon bald ein wahrer Meister darin sein!

Ach übrigens!
Da Sie ja jetzt so viel über die Sprache und den damit verbundenen Möglichkeiten, diese positiv zu nutzen, gelernt haben, möchte ich Sie hier auch noch auf Ihren aktiven Wortschatz hinweisen:

Wie sieht dieser denn aktuell aus? Ich hoffe, Sie kommen gut über ein „ja", „nein", „geht so", „halt" etc. hinaus. Sind negative Wörter dabei? Falls ja, sofort streichen, unwiderruflich. Verwenden Sie sie nie mehr! Falls doch, so werden Sie sich dessen sofort bewusst, freuen Sie sich darüber, dass Sie es gemerkt haben und fühlen Sie die Gewissheit: „Das tue ich nun nicht mehr". So programmieren Sie Ihr Unterbewusstsein Schritt für Schritt hin zum Positiven.

Achten Sie künftig auch ganz gezielt auf den (positiven) Wortschatz Ihrer Mitmenschen.
Suchen Sie sich neue Worte heraus, um die Sie Ihr persönliches Sein bereichern möchten und integrieren Sie diese in Ihr alltägliches Leben. Je positiver und umfangreicher der persönliche Wortschatz, desto bunter, reicher und interessanter die jeweilige Realität!

Wer sind Sie eigentlich?

Wie wir im vorherigen Kapitel gelernt haben, wurden wir u. a. durch das Erlernen der Sprache und das Interpretieren von Gefühlen geprägt. Natürlich haben wir zu jeder Zeit die Möglichkeit, diese Prägungen durch andere zu ersetzen. Manchmal kann dies durch eine bessere (höhere) Erkenntnis sehr schnell gehen, manchmal dauert dies etwas länger, weil wir uns der jeweiligen Prägung an sich gar nicht bewusst sind (auch wenn alle anderen es wissen, sehen und fühlen – wir haben keinen Plan!). Oder wir wissen um unsere Prägung(en), scheitern jedoch in der Konsequenz der Umsetzung.

So sammeln wir also seit dem Zeitpunkt unserer Zeugung (!) permanent Erfahrungen. Diese Erfahrungen sind zu jeder Zeit in uns abgespeichert (unbewusst), auch wenn wir uns dessen eventuell nicht bewusst sind. Während all dies, was wir wissen bzw. meinen zu wissen in unserem Bewusstsein gespeichert ist („Arbeitsspeicher"), so sind alle bereits erlebten Erfahrungen in unserem Unterbewusstsein („Festplatte") abgespeichert und können mittels gezielter Fragestellung oder Hypnose mehr oder weniger einfach ins Bewusstsein transportiert werden.

Kommen wir zurück auf unser Beispiel mit dem Kind, dem immer wieder eingeredet wurde „Aus dir wird nie etwas". Nun, da dieses Programm im Hintergrund arbeitet und permanent bestrebt ist, die äußeren und inneren Realitäten an sich anzupassen, wird sich die Person vermehrt in entsprechenden Situationen wieder finden: Auf Grund der jeweiligen Prägung lassen diese Situationen sie weitere Erfahrungen der Niederlage durchleben. Dieser Mensch steckt also so gesehen in einem Negativ-Kreislauf, ich nenne es gern „Hamsterrad".

Da uns eine solche Art von Prägungen und Glaubensmuster ein ganzes Leben lang behindern können, weil sie uns immer wieder ähnliche Situationen mit den gleichen Verhaltensmustern aufsuchen lassen, ist es notwendig bzw. sinnvoll, sich eben diese Muster bewusst zu machen, um ihnen entgegen wirken zu können.

Denn: Alles, was uns bewusst ist, können wir auch bewusst steuern. Wir können daran arbeiten und so Schritt für Schritt lernen, neue Verhaltensweisen auszuprobieren und im Gehirn als neues Programm zu etablieren.

Wie das funktioniert?
Denken Sie doch einmal daran zurück, als Sie lesen gelernt haben. Erinnern Sie sich noch? Zuerst waren es einzelne Buchstaben. Diese Buchstaben haben Sie dann Schritt für Schritt miteinander in Verbindung gebracht und es entstanden Worte. Danach haben Sie begonnen, diese Worte miteinander in Verbindung zu bringen und es entstanden Sätze. Am Anfang war das sehr mühselig und Sie lasen nur sehr langsam. Dann ging es immer schneller und jetzt – oh Wunder! Ich wette Sie denken beim Lesen überhaupt nicht mehr über das Lesen nach, es passiert automatisch – eben unbewusst...

Was (ist) passiert?
Wenn Sie sich einem neuen Thema, wie zum Beispiel dem Lesen, oder aber auch dem gezielten Umprogrammieren Ihrer Verhaltens- und Glaubensmuster zuwenden, so bilden sich in Ihrem

Gehirn mit jeder Übung Neuronen: Diese Neuronen sind so eine Art „Nervenautobahn" - von Punkt A zu B. Zu Beginn ist diese Autobahn nur ein schmaler, bröckeliger Strich, ein Faden. Je öfter Sie jedoch üben, umso mehr baut sich dieser Faden aus, er wird immer stärker! Irgendwann ist er dann so richtig ausgeprägt. Das ist der Zeitpunkt, ab dem Sie über Ihre Verhaltensweisen nicht mehr nachdenken, sie passieren einfach automatisch (eben unbewusst)....

So wunderbar das ist, so wunderbar ist auch, dass sich eben diese „Nervenautobahnen" wieder zurückbilden, je weniger Sie „in Übung" sind, das heißt im Klartext: Je weniger Sie einer Sache, einer Denkweise oder Angewohnheit Beachtung schenken, desto mehr wird sie verkümmern...

Das ist doch geradezu genial, nicht wahr? Aber was heißt das nun für Sie?
Je mehr Sie sich und Ihre Verhaltensangewohnheiten beobachten und sich ein persönliches Muster Ihres persönlichen „Hamsterrades" erstellen, umso mehr wird Ihnen bewusst, wo eigentlich der „Haken" zu finden ist. So entschlüsseln Sie Schritt für Schritt Ihre persönlichen, unangenehmen Programme und Muster. Sind Ihnen diese bewusst, so entgehen Sie Ihnen Schritt für Schritt (oder aber auch sofort, je nachdem wie es gerade möglich ist), damit Sie sich freier und zielgerichteter entscheiden können.

Auch hier ist es wieder sehr wichtig, die Dinge exakt zu hinterfragen:

- *Woran* genau erkennen Sie, dass Sie...?

- In *welchen* Situationen genau erkennen Sie, dass Sie...?

Egal, um was es sich handelt, nichts ist nur negativ. Irgendwo schlummert immer auch etwas Positives. Sie würden sich bestimmt nicht so verhalten, wenn es nicht auch irgendwo einen positiven Grund dafür gäbe:

- *Welchen* Zweck verfolgen Sie mit dem jeweiligen Verhalten?

- *Was* wird dadurch sichergestellt?

- *Was* könn(t)en die Vorzüge sein?

- In *welchen* Situationen, wann genau ist das sinnvoll – und wie fühlen Sie sich davor, währenddessen und danach?

Geben Sie keine Ruhe, bevor Sie dieses Positive herausgefunden haben!

Später suchen Sie die Alternative:

- *Welcher* Glaube, *welche* Denkweise wäre denn sinnvoller?

- *Welches* Verhalten wäre sinnvoller, würde Ihnen einen größeren und wirklichen Nutzen bescheren?

Versuchen Sie, so gut es geht, den bestehenden Glaubenssatz umzugestalten. Vielleicht sind Sie ja humorvoll veranlagt, so dass es Ihnen leicht fällt, hier eine neue Bedeutung zu finden, welche Sie nur noch erheitert, sobald Sie an Ihr ehemaliges

Verhalten denken.

Nochmals:
Die unbewussten Programme und Muster steuern nicht nur Ihre Handlungen, sondern ziehen (u. a. durch Ihr Verhalten) sogar entsprechende Situationen an (jede Vorstellung, die Sie bildhaft erfüllt, hat das Bestreben, verwirklicht zu werden - wir kommen noch darauf...). Vereinfacht und zusammenfassend gesagt, enttarnen Sie Diese und begegnen den entsprechenden Situationen künftig bewusst und Ihren persönlichen Zielen angemessen. Falls Sie nicht wissen, was Ihre Ziele sind, so gedulden Sie sich noch ein wenig. Ich bin sicher, Ihnen fällt im Verlauf des Buches noch das ein oder andere dazu ein...

„Als wenn das alles so einfach wäre", mag jetzt vielleicht ein Leser einwenden...

Diesem Leser sei gesagt: Für viele ist es einfach! Und bei vielen Lesern wird sich bis zu diesem Punkt des Buches auch schon einiges im Unterbewusstsein getan haben, was dabei mithilft, dass Sie künftig ein lockeres, harmonisches und selbst bestimmtes Leben führen können. Schließlich arbeitet das Unterbewusstsein stets zum besten Wohle des jeweiligen Menschen, und ist so permanent bemüht, aus der Fülle der Möglichkeiten das Beste für die jeweilige Person herauszusuchen.

Aber selbstverständlich hat der Leser Recht, der diesen Einwand hier gebracht hat. Für manch einen ist es eben nicht ganz so leicht, und der „Hase" steckt noch mehr im Detail. Wo ein Wille ist, da ist auch ein Weg, heißt es so schön - das halte ich für wichtig und richtig.

Jedoch:
Der Glaube steht über dem Willen – ohne wenn und aber!

Dieses Gesetzt der Natur können Sie sich durchaus zum Vorteil machen, Sie werden noch sehen...

Sollten Sie sich also aktuell in einer sehr misslichen Lage befinden und den tiefen Glauben empfinden, dass dies nur eine temporäre Durchlaufsituation oder –Station Ihres Lebens ist, so seien Sie beglückwünscht. Genau so ist es! Sollten Sie jedoch einem tiefen, hemmenden, einengenden oder selbst zerstörenden Glaubensmuster unterliegen, welches sich nicht so leicht durch gezieltes Hinterfragen und bewusstes Verhalten aus dem Weg räumen lässt, so sollten Sie das bis hierhin Erlernte erst einmal ganz locker auf sich wirken lassen. Ihr Unterbewusstsein weiß schon, wie es in für Sie förderlichem Sinn damit umzugehen hat, um sich im Verlauf dieses Buches dann endgültig von dieser Belastung zu trennen bzw. diese in ein für Sie positives und förderliches Glaubensmuster zu transformieren, so dass sich Ihre persönliche Energie um ein Vielfaches erhöhen kann und wird.

Was also ist es, das vielen Menschen so tief anhaftet und sie glauben lässt, dass manche Dinge aussichtslos sind?

Ein Beispiel:
Nehmen wir doch einmal an, die Person Z ist im Außendienst tätig und verkauft das Produkt XY. Bevor Z. das Produkt XY verkauft hat, war er/sie vielleicht arbeitslos oder in einem anderen Job tätig, welcher aber bei Weitem nicht so viel eingebracht

hat wie dieser neue Job nun einbringen soll. Der Wille, mehr Geld zu verdienen hat Z. also zu dem neuen Job gebracht, von dem er (unbewusst) vielleicht der Meinung ist, dass das Produkt entweder unausgereift oder überteuert ist. Der Erfolg vieler Kollegen und die wunderbare Produkt- bzw. Verkaufsschulung jedoch, welche er genossen hat, haben ihm weiterhin vermittelt, dass eben dieses Produkt durchaus in enormer Menge oder hohem Preis verkauft werden kann. Und obwohl es zu Anfang vielleicht sehr gut funktioniert zu haben schien, ist der Umsatz nun eingebrochen und Z. kommt über einen bestimmten Umsatz einfach nicht hinaus. Dies wiederum registriert der Verkaufschef und arbeitet zuerst sehr freundlich, danach immer intensiver auf Z. ein, wobei dieser immer mehr Druck verspürt und sein Körper immer mehr mit Stresssymptomen etc. reagiert und das Verkaufen zusätzlich erschwert.

Was ist los? Im tiefsten Inneren ist Z. der Meinung, das Produkt habe nicht den Wert, für den es verkauft wird (werden soll). Und da der Mensch nonverbal seine Absicht, Glauben und Wünsche um ein Vielfaches höher ausstrahlt, als er dies verbal zu tun vermag, so signalisiert Z. eben genau das auf unbewusstem Wege (nonverbal) permanent seinem Umfeld.

Und ebenso teilt er dem Umfeld dadurch auch unbewusst mit, wie eben dieses (das Umfeld) ihn behandeln soll!

Wer also das Produkt, das er verkauft, oder gar sich selbst (evtl. gerade aus diesem Grunde, weil er es verkauft) unbewusst nicht mag, der signalisiert permanent den anderen, dass diese es ihm doch gleich tun sollen!

Die Lösung:
Je mehr der Mensch mit sich in Resonanz (Gleichklang) ist, umso mehr ist auch das Umfeld mit ihm in Resonanz. Je mehr Sie selbst sich mögen, desto mehr mögen auch andere Sie – ob Sie die anderen mögen, spielt dabei erst einmal keine Rolle. Sie kommen jedoch Ihrem Ideal-Leben immer näher, je mehr Sie jeden Menschen ehrlich respektieren, wenn nicht sogar mögen oder gar lieben!

Lassen Sie das bitte einen Moment auf sich wirken!

Kurzer Umschwung:

Aus genau den eben genannten Gründen ist ein Großteil der „halbseidenen" Geschäftswelt spielsüchtig oder Ähnliches. Unbewusst sind diese Menschen einfach der Meinung, dass ihnen das erworbene Geld nicht zusteht bzw. dass sie es nicht auf ehrbare (oder was auch immer, dies hängt wiederum vom jeweiligen Glaubensmuster ab) Art und Weise erworben haben. Und so wird ebenso unbewusst daran gearbeitet, es auch wieder „los-zu-bekommen".

Haben Sie das verstanden?

Verantwortung für das eigene Leben

Vielen Menschen fällt es sehr schwer, *wirkliche* Verantwortung für ihr eigenes Leben zu übernehmen. Natürlich: Verantwortung übernehmen, das heißt zum Beispiel Rechnungen bezahlen, die Kinder zur Schule schicken, im Winter den Gehweg streuen... Etwas modernere Menschen haben bereits begriffen, dass zur Verantwortung auch die Verantwortung für den eigenen Körper gehört: Sport treiben, gesundes Essen, mit dem Rauchen aufhören etc.
Haben Sie sich schon einmal Gedanken darüber gemacht, dass Sie auch Verantwortung Ihrem Denken, Ihrem Geist gegenüber haben? Oder ist es nicht so, dass egal, was im Leben passiert, immer zuerst der Gedanke, die Absicht bestand, etwas zu erreichen, zu schaffen etc.

Wenn der Mensch nun immerzu nur Grenzen, Unmöglichkeiten bzw. Verbote sieht, so wird er auch immerzu an diesen Hürden scheitern. Ich möchte sogar noch weiter gehen: Durch diese „selbst gesteckten" Hürden neigt der Mensch wiederum zu den unterschiedlichsten Verallgemeinerungen und sieht das Leben nur allzu oft hilflos an sich vorbeiziehen. Es sind immer nur die anderen, denen das Glück blüht... die Reichen können sich das leisten... die Studierten haben die Möglichkeiten und die Politiker die Macht....

Um diese Grenzen zu durchbrechen ist es erst einmal notwendig, die komplette Verantwortung zu übernehmen. Mit kompletter Verantwortung meine ich all die Dinge in Ihrem Leben selbst zu bestimmen, welche auch unter Ihrer Kontrolle liegen! Alles andere können Sie erst einmal loslassen.

Grund: Sie können es ja sowieso nicht beeinflussen.

Warum sollten Sie sich mit Dingen beschäftigen, die Sie (aktuell noch) nicht beeinflussen können? Aber all die anderen Dinge, welche unter Ihrer Kontrolle stehen, die können Sie beeinflussen! Gängige Kontermeinungen könnten sein: „Das hört doch schon beim Beruf auf, hier stoße ich doch schon beim Chef an die Grenzen."

Sind sie sich sicher? Wie könnte eine Situation aussehen, in der es für Sie positiver aussehen würde?

Auch Ihr Chef braucht Sie. Gut, er könnte für Sie ggf. einen oder eine andere(n) einstellen, aber wird dieser oder diese auch über Ihre Erfahrungen verfügen, den Job genauso gut oder besser als Sie erledigen – in jeder Hinsicht? Zum einen ist es sehr wichtig, sich diese Frage ehrlich zu beantworten. Zum anderen geht es darum, wie man die Dinge angeht!

So erklärte ich einmal meinem Vorgesetzten, wie *ich* meine Arbeit als Arbeitnehmer sah.

Damals war ich gerade frisch als Lagerverwalter eingestellt und versäumte während der ersten Monate nicht, gehörig „auf den Putz" zu hauen. Ich malte ihm (dem Chef – er war Betriebsleiter) in den leuchtendsten Farben aus, was ich alles konnte und wie ich diese Fähigkeiten sowohl in die Firma als auch in meine Arbeit bzw. meine Aufgabe einbringen konnte (die Vision des gut geführten Lagers mit hoher Umschlagshäufigkeit, Einbindung der Mitarbeiter anderer Abteilungen als eigenverantwortliche Teile des Lagerkonzepts...) und wollte. Als ich sah wie seine Augen leuchteten, schwenkte ich immer wieder um (also hin und her) und erklärte, was ich denn alles von einem guten Chef erwarten würde, was dieser denn alles tun müsse, um diese Vision Wirklichkeit werden zu lassen. Auch hier versäumte ich es nicht, alle Vorteile eines wunderbaren Chefs ins Beste Licht zu rücken - und baute mir in diese Geschichte viele Vorteile ein, um mir die Arbeit so angenehm wie möglich zu gestalten.

Das Einzige, was ich dafür tun musste, um diese Vorteile auch auf Dauer zu erhalten (und glauben Sie mir: Ich baute sie ständig aus!), war mein Versprechen des perfekten Arbeitnehmers zu halten und das Lager tatsächlich in der Art und Weise auszubauen, dass die Warenverfügbarkeit nicht nur um ein Vielfaches stieg, sondern zugleich die Lagerhaltungskosten noch erheblich gesenkt werden konnten (wie ich das anstellte? Nun, ich ging mit meinen Lieferanten – ich war auch für den Einkauf zuständig - und den Mitarbeitern aus den anderen Abteilungen genauso um wie mit meinem Chef...).

So war ich meinem Vorgesetzen immer einen Schritt voraus. Das einzig Schwierige daran war, ihm selbst den Glauben daran zu lassen, dass er tatsächlich *mein* Chef war.

Das System funktionierte nicht nur in einer Firma, sondern in mehreren! So hätte ich wohl glücklich sein können in meiner Arbeit. Eine gewisse Zeit war das wirklich sehr schön und angenehm. Mich persönlich zog es jedoch weiter. Ich begann mehr und mehr mich dafür zu interessieren, was hinter diesem Erfolg steckte. So bildete ich mich weiter und wechselte aus der Wirtschaft in den Bereich der Psychologie.

Wenn es also nicht mehr weitergeht, warum auch immer - weil man nicht mehr weiter weiß, die Arbeit einem einfach nicht mehr gefällt, die Gesundheit streikt o. Ä.- gilt es weiter- und bisweilen umzudenken. Auch hier ist wieder Eigenverantwortlichkeit gefragt!

Wer Grenzen sieht, wird Grenzen haben. Wer Freiheit sieht, wird Freiheit haben – und eben für diese Vorstellung, welche für Sie zu jeder Zeit frei wählbar ist, sind Sie, und einzig alleine Sie verantwortlich – keiner sonst!

Genau zu dieser Verantwortung sollten Sie stehen, sie leben und GENIESSEN!

Einfaches Erkennen und Anpassen der Realität

Wir haben nun also gelernt, wie wichtig es ist, über die eigenen, unbewussten, Programme und Glaubensmuster Bescheid zu wissen, da diese uns permanent steuern und sogar in der Lage sind, Situationen anzuziehen. Ebenso haben Sie verinnerlicht, dass es sehr wichtig ist, die „Augen offen zu halten" (selbstverständlich meine ich hier alle Sinne), um eben diese Programme ausfindig zu machen, Muster zu erkennen und sich anschließend bewusst zu verhalten, um so den eingefahrenen Energien die Kraft zu entziehen.

Wenn nun aber das bewusste Leben in entsprechenden Situationen alleine nicht zur (Auf-) Lösung des Problems führt und man nach einem kraftvolleren Weg sucht, um sein Unterbewusstsein positiv umzupolen?

Hierfür gibt es die folgenden, sanften Techniken zur einfachen Umwandlung der persönlichen Realität:

Wie bereits behandelt ist es sehr, sehr wichtig, wie Sie selbst sich sehen. Sehr viele Menschen haben das Problem, dass sie (unbewusst) denken, sie seien nichts wert und wollen dies (ebenfalls unbewusst) übertünchen, indem sie z. B. „einen auf dicke Hose machen", um den Rest der Welt (und sich selbst) zu blenden. Dies passiert meist durch Zurschaustellung von Statussymbolen, permanentes Demonstrieren von Wissen etc. - Letztlich erfüllt es nur den Zweck zu täuschen. So schade und tragisch das sein mag, gesamtwirtschaftlich gesehen leben wir alle gut damit. Genau genommen könnte man sagen: Durch den dauernden Versuch, den eigenen Mangel zu verstecken und zu überdecken, bekommt die

Volkswirtschaft einen „guten Schub". Denn viele Produkte und die Werbung dafür zielen genau darauf ab, Komplexe zu kompensieren und den Menschen das Gefühl zu geben, dass sie sich nach außen hin besser geben können als sie sich im Inneren fühlen.

Wenngleich das vielleicht ein etwas sarkastischer Gedanke war, wollte ich es nicht versäumen, Sie selbstkritisch prüfen zu lassen, ob denn so mancher Wunsch in Ihrem Leben auch Ihr wirklicher Wunsch ist, oder ob es evtl. etwas noch Kraftvolleres gibt.

Merke:

Das, worauf Sie Ihre Aufmerksamkeit richten, wird verstärkt (wir kommen noch im Detail darauf).

Sollten Sie sich (bei genauer Betrachtungsweise) ein wenig damit identifizieren, dass Sie Ihren ganz persönlichen Wert vor allem an „Werten" messen, die von Geld oder dem Ansehen bei anderen Menschen etc. beruhen, so empfiehlt es sich, dieses Buch um ein Vielfaches intensiver zu lesen. Natürlich nur, wenn Sie gerne an und mit sich selbst arbeiten möchten, um noch um ein Vielfaches mehr an Wohlbefinden zu erreichen.

Sie selbst wissen bestimmt aus eigener Erfahrung, dass sehr viele Menschen, welche monetär gesehen sehr reich sind, den wahren Reichtum jedoch an Werten wie Gesundheit, Familie, freier Zeit etc. messen – wenn sie erkannt haben, dass das Geld und die Annehmlichkeiten, die es mit sich bringt, auch nicht glücklich machen.
Dies sollte bei der Erreichung des Zieles (auch monetär gesehen) nicht außer Betracht gelassen werden. Denn warum sollte das anzustrebende

Gefühl im Endziel auch nicht schon permanent während der Zielanstrebung gefühlt werden? So können nervliche Verbindungen geschaffen werden, welche sich positiv auf die Erreichung des Gesamtzieles auswirken, sowie des persönlichen Wohlbefindens während der Zeit, welche der Prozess in Anspruch nimmt, eben dieses zu erreichen und in Folge ja auch „gelebt" wird. *(Was für ein Satz, nicht wahr? - Sind Sie sicher, dass Sie ihn auch verstanden haben?)*

Wieso sollte man sich eben diese Zeit nicht schon so angenehm wie möglich machen? Ich meine nicht faul zu sein. Es geht darum die Arbeiten bzw. Aufgaben, welche erfüllt werden sollten, um entweder das Ziel oder ein Zwischenziel zu erreichen, mit möglichst viel Freude und Elan anzugehen.

Je mehr Ihnen Ihr Tun Freude bereitet, umso mehr Energien können Sie freisetzen!

Bevor Sie gleich beginnen, dauerhaft und effektiv an sich selbst zu arbeiten, überprüfen Sie bitte (aber ohne evtl. eigene Unzulänglichkeiten auf das Umfeld zu projizieren) Ihr Umfeld. Gibt es da vielleicht Menschen mit einem sehr niedrigen Selbstwertgefühl, die dieses aber nicht wahrhaben wollen und deshalb das der anderen Menschen bzw. das ihrige unterminieren, um von sich selbst abzulenken bzw. um sich selbst auf egoistische Art und Weise besser zu fühlen? Falls ja, und sollten diese Menschen keine weitere Rolle in Ihrem Leben einnehmen, auf die es in einem anderen Zusammenhang Rücksicht zu nehmen gilt. Trennen Sie sich umgehend von solcher Art Bekanntschaften! Falls Ihnen sehr viel an der entsprechenden Person liegt und Sie sich aus den unterschiedlichsten Gründen nicht von ihr trennen möchten oder können, so reden Sie offen mit ihr über diesen Punkt. Ist sie einsichtig, so schicken Sie sie zu einem guten Coach oder schenken Sie ihr dieses Buch. Ist sie es nicht, so sollten Sie sich ab sofort in Ihrem Leben, wenn es um eben diese Thematik geht, abgrenzen, um sich nicht unnötig das Leben zu erschweren.

Im Allgemeinen gilt:

- Umgeben Sie sich nur mit Personen, welche Ihnen angenehme Gefühle bereiten, bei denen Sie sich wohl fühlen.
- Lenken Sie Ihre Aufmerksamkeit auf die Dinge im Leben, welche Ihnen Freude bereiten und die sich im Einklang mit Ihrem Inneren befinden.
- Umgeben Sie sich mit Menschen, welche bereits das haben bzw. erreicht haben, was Sie gerne (erreichen) möchten.

Je mehr Sie es erlernen, Ihr persönliches Selbstbild dahingehend zu verändern, dass Sie sich wohl fühlen und von der aus die Dinge sich ggf. einfach in diese Richtung ergeben und entwickeln, umso mehr haben Sie wohl gelernt:

- auf Ihr Herz zu hören.
- der/ die zu sein, der/ die Sie im tiefsten Inneren wirklich sind *ohne* etwas vorzutäuschen.

So stellt sich nun also heraus, dass das Leben im Prinzip recht einfach zu sein scheint. Vielleicht ist es ja tatsächlich so, dass eine der Schwierigkeiten, das Leben in angenehmer Form zu leben, wohl unter anderem nur darin besteht, just diese Einfachheit zu leben?

Selbstverständlich sind wir alle im Laufe unseres Lebens mit den unterschiedlichsten Situationen, Menschen etc. in Verbindung gekommen, die uns geprägt haben und die wiederum für die Auswahl von Folgeprägungen etc. verantwortlich waren bzw. sind. Zudem herrscht tief drin in uns der Drang zu überleben. Um was es auch geht, in irgendeiner tiefsinnigeren Variante in uns gilt es immer, das Überleben zu sichern!

Zum einen ist also das Leben zu sichern, und zum anderen Ausschau nach Neuem zu halten, Ziele zu haben und Wege zu finden, welche einen die Ziele erreichen lassen. Die Verbindung dieser Ziele (also Überleben und Neues) ist die Gegenwart. Nur im jeweiligen Moment ist es uns möglich eine Veränderung herbei zu führen, anzustreben und sie in irgendeiner Form anzuleiten, dass sie Realität werden kann. Und ebenso ist es nur im jeweiligen Augenblick möglich, das Überleben im Moment zu gewährleisten. So leben wir also bewusst im Hier und Jetzt und haben die Möglichkeit, uns durch bewusste Entscheidungen und entsprechendes Verhalten in Richtung Wunschgefühl zu begeben.

Eine zusätzliche Möglichkeit, ein Turbo für den persönlichen Antrieb, wenn man so möchte, ein bestimmtes Ziel mental anzupeilen ist das „innerliche Vorerleben“. Dies geschieht meist durch ein Anvisualisieren, eine Imagination des Zielzustandes. Das heißt, man stellt sich sowohl bestimmte Wunschsituationen bildhaft vor, als dass man diese auch unter Berücksichtigung seiner Gefühle äußert.

So will man durch gezielte Denkprozesse die jeweilige Realität beeinflussen (vielleicht kennen Sie solche Methoden vom Sport- oder Businesscoaching her?).

Der Hintergrund dieses Verhaltens ist ein weiteres Gesetz der Natur: Alles, was Sie sich bildhaft (und gepaart mit den jeweiligen Gefühlen) in Ihrem Unterbewusstsein vorstellen, drängt darauf Realität zu werden.

Sie können sich das gerne wie eine Art Selbst-Hypnose vorstellen, die es Ihnen erleichtert, Dinge in Ihrem Inneren schon einmal probeweise vorzufühlen, um zu sehen, wie es wohl wäre, wenn... und wie Sie wohl am Besten an diesen Punkt kommen könnten...

Es gilt, Folgendes zu beachten:

- Der Glaube steht immer über dem Willen! - Wenn Sie es auch noch so wollen, es selbst aber nicht glauben (erinnern Sie sich an den erfolglosen Verkäufer), ist jede Bemühung erfolglos.
- Das, worauf Sie Ihre Aufmerksamkeit richten, verstärken Sie.

Auch hier wird wieder einmal klar, wie wichtig es im Leben doch ist, sich auf die angenehmen Dinge zu konzentrieren. Auch das Urteilen über Personen, Dinge und Ereignisse scheint in diesem Zusammenhang eine tiefere Bedeutung in den persönlichen Verstrickungen des individuellen Lebens zu haben.

Aber zurück zum Visualisieren, zur Imagination: Gehen Sie ganz locker an die Sache heran:

- Nehmen Sie sich mehrmals am Tag eine Auszeit von ca. 5 Minuten und entspannen Sie so gut es geht.

- Schaffen Sie sich dazu ein entspanntest Umfeld: Legen Sie zum Beispiel immer die gleiche beruhigende Musik auf und setzen oder legen Sie sich in eine für Sie bequeme Position.

- Fahren Sie sowohl Ihren Körper, als auch Ihren Geist so gut herunter, wie es nur eben geht.

- Schließen Sie die Augen und schauen Sie in Richtung Ihrer Nasenwurzel (*wissenschaftlicher Hintergrund*: Nach wenigen Sekunden schüttet das Gehirn vermehrt Alphawellen aus, d. h. Sie gehen in den Alphazustand, oder besser: in eine leichte Trance).

- Wenn Sie vollkommen entspannt sind, greifen Sie sich zum Beispiel mit je einem Zeigefinger an die jeweilige Schläfenseite (Sie können auch gerne einen anderen Handgriff wählen. Wichtig ist nur, dass es immer der gleiche ist und er in Ihrem normalen Alltag nicht vorkommt).

Mit der Zeit wird der Entspannungszustand sofort eintreten, sobald Sie sich mit Ihren Zeigefingern an die Schläfen fassen. (Warum? – Sie wissen doch: die Neuronen...). So sind Sie also in der Lage, sich selbst innerhalb kürzester Zeit in einen Zustand vollkommener Ruhe „herunterzufahren". Und sind Sie erst einmal ruhig und entspannt, so sind Sie auch schon im Alphazustand, in dem das Visualisieren hervorragend funktioniert. Lassen Sie sich einfach treiben und werfen Sie in diesen ruhigen Zustand ein persönliches Wunschbild hinein, lassen Sie es laufen und wünschen Sie sich, es wäre so...

Bringen Sie Ihre Gefühle mit in die jeweilige Situation!

- *Wie* fühlen Sie sich wenn dieses Wunschbild Realität ist?
- *Was* sehen Sie, wenn die Dinge Ihren Vorstellungen entsprechen?
- *Was* hören Sie, wenn es so ist wie Sie es sich erträumen?
- *Welches* Umfeld haben Sie?
- *Wie* gehen Sie mit diesem Umfeld um?
- *Wie* geht dieses Umfeld mit Ihnen um?
- Erlauben Sie sich selbst vollkommen einzutauchen in diese Situation!
- Sehen, hören, fühlen und erleben Sie alles so, wie es sein soll!

Die hier genannten Punkte sollen Vorschläge sein, um erste Erfahrungen mit dem Visualisieren machen zu können. Bis zur aktuellen Stelle dieses Buches geht es nur darum, in der Lage zu sein, sich gezielt zu entspannen und in Ihnen gute Gefühle, gepaart mit den Wunschbildern, zu erzeugen.

Nicht jeder Mensch ist visuell veranlagt, und so kann es sein, dass die Bilder in Ihnen nicht auftauchen oder unscharf sind. Es reicht vollkommen, die Bilder zu fühlen oder ganz einfach nur zu wissen, dass es so ist. Spielen Sie mit dieser Technik, experimentieren Sie herum - sicherlich finden Sie Ihren persönlichen Lieblingsweg. Durchleben Sie mindestens einmal am Tag in Ihrem Gehirn die Dinge so, wie Sie sie sich wünschen und erträumen. Da das Unbewusste immer bestrebt ist, die äußere an die innere Realität anzupassen, erzeugen Sie sich so Schritt für Schritt eine andere Realität!

Auch wenn sich dies für manch einen Menschen, der sich noch nicht sehr viel mit dem Unterbewusstsein beschäftigt hat, evtl. etwas abenteuerlich anhört, so ist das doch mittlerweile (endlich) auch wissenschaftlich bewiesen (*Falls Sie das so empfinden, vielleicht beruhigt Sie das ja ein bisschen?*).

Machen Sie die folgende Übung:

- Denken Sie gerade jetzt an eine Person, die Sie sexuell sehr anziehend finden.

- Nun erlauben Sie sich selbst, mit dem angenehmen Gedanken noch zu ihm passende Gefühle zu verknüpfen.

- *Wie wäre es, wenn...*

- Tauchen Sie ein in die Situation...
- Lassen Sie Ihrer Phantasie freien Lauf...
- Spüren Sie....
- Erleben Sie....

Na, hat sich etwas in Ihrem Körper verändert? So wie Gedanken den Körper beeinflussen, so beeinflussen Sie letztlich Ihr ganzes Leben.

Sollte sich Ihnen beim Visualisieren (nützen Sie immer auch die Kraft der Gefühle, diese sind um ein vielfaches stärker als das reine Bild!) vermehrt ein für das Gesamtziel nicht förderliches Bild von einer Situation oder einem Mensch, ein nicht zielführendes Gefühl etc. aufdrängen, so empfehle ich Ihnen folgende Vorgehensweise:

- Entspannen Sie sich.
- Lassen Sie das Bild, z. B. von der Person mit allem „Drum und Dran" vor Ihrem Inneren auftauchen.
- Achten Sie auf alle Details: Wie ist das Bild beschaffen, groß oder klein, farbig oder schwarz-weiß etc.
- Wenn Sie das Bild, die Person, die Situation oder um was es auch immer geht, so richtig vor sich haben, beginnen Sie, es zu verändern.
- Verändern Sie die Farbe, den Ton, geben Sie

der Person eine andere Frisur, etc.

- Verändern Sie frei nach Lust und Laune, mit dem Ziel, das Bild in der Form zu verändern, dass es nur noch lächerlich wirkt bzw. keinerlei negativen Einfluss mehr auf Sie hat, weil Sie es nicht mehr ernst nehmen.

- Ist dies geschehen, so lassen Sie das Bild auf Briefmarkengröße schrumpfen, immer kleiner.

- Kleben Sie die Briefmarke auf eine imaginäre Postkarte und schicken Sie sie ohne Absender dorthin, wo Sie der Meinung sind, dass sie von dort nie wieder zurückkommen kann und wird (dorthin „wo der Pfeffer wächst", „auf den Mond", zum „lieben Gott", an den Ursprung aller Dinge, *für Esoteriker*: in eine Lichtsäule, wo die Karte in die Urliebe hin transformiert wird).

Ist das geschehen, wird das Visualisieren, die Imagination (ab sofort nenne ich das Ganze nur noch „Anpeilen", Sie wissen dann, was gemeint ist!) Ihrer Wunschtraumwelt bzw. Ihres persönlichen Wunsch-Ichs, einer Sache, oder um was immer es gerade gehen mag, um ein vielfaches leichter fallen. Warum? Wenn bestimmte Bilder und Emotionen keine Bedeutung mehr in Ihrem Leben haben, verschwinden sie. Das kennen Sie bereits mehrfach aus Ihrem Leben. Sobald Sie sich über eine bestimmte Sache nicht mehr geärgert haben, ist sie verschwunden, nicht wahr?

Sollten bestimmte Gefühle jedoch nicht so einfach weg zu bekommen sein, so sind sie evtl. wichtig für Sie und bergen womöglich sogar eine Lehraufgabe.

In einem solchen Falle gilt es, sich diese Gefühle genau anzusehen: Was steckt hinter ihnen, was könnten sie Ihnen zu sagen haben, wann, wo und in welchen Zusammenhängen sind sie Ihnen bereits begegnet, welches Muster steckt dahinter?

Tipp:

Wenn Sie „anpeilen", so haben Sie stets die Möglichkeit, die Intensität zu vergrößern bzw. zu reduzieren (je nachdem, was gerade zielführend ist).

- Sie verstärken, indem Sie in die Situation hineingehen, sie vollkommen erleben, fühlen, wissen, spüren...

- Sie reduzieren, indem Sie aus der Situation herausgehen und sie von oben oder als außen stehender Betrachter wahrnehmen.

Versuchen Sie nicht unnötig, die Außenwelt zu verändern, verändern Sie Ihre persönliche Einstellung zu den Dingen bzw. entnehmen Sie den Dingen die Kraft, welche auf Sie einwirkt - spielen Sie mit Ihren Gefühlen und achten Sie auf die Veränderungen. Denn: Dinge, die auf Sie einwirken, erzeugen Emotionen, diese Emotionen steuern Ihr Handeln. Wieso sollten Sie Ihr Handeln von äußeren Dingen steuern lassen? Wäre es nicht sinnvoller, bewusst Ihre Emotionen und somit Ihr Handeln selbst zu steuern?

Das, worauf Sie Ihre Aufmerksamkeit lenken, verstärken Sie!

Oftmals denkt der Mensch häufig an gerade die

Dinge, die ihn ängstigen - und zieht sie zugleich immer mehr an. Aus welchen Gründen heraus sollte man dann den Spieß nicht einfach umdrehen, um sich künftig noch viel wohler zu fühlen?

Sollte eine Veränderung aus irgendeinem Grunde nicht gleich gelingen, so machen Sie sich bewusst klar, was denn eigentlich hinter dem aktuellen Ärger steht. Dann stellen Sie sich die folgenden 5 Fragen:

1. Ist es wirklich so, wie es mir erscheint?
2. Woher weiß ich, dass es tatsächlich so ist?
3. Was bewirkt es in mir, während ich an diesen Ärger (etc.) denke?
4. Wer bin ich, wenn es diesen Ärger (etc.) nicht geben würde?
5. Was wäre wohl in diesem Zusammenhang für mein weiteres Leben förderlich, sinnvoll?

Sie werden sehen: Nachdem Sie sich diese 5 Fragen ehrlich beantworten haben, wird sich das negative Gefühl oder das Problem schon sehr bald auflösen.

Veränderungen

Die meisten Menschen wünschen sich Veränderungen, ob groß oder ob klein. Nur wenige Menschen sind mit ihrem aktuellen Leben vollauf zufrieden und sagen: Jawohl, so soll es sein, so kann es bleiben. Und Sie wissen ja: die Sprache... - Aber auch, wenn Menschen das so sagen, muss es nicht unbedingt auch wirklich so sein...

Sollten Sie sich jedoch zu einem der Menschen zählen, der von sich aus behaupten kann, dass er glücklich ist und das auch wirklich fühlt, der fühlt, dass alles in Ordnung ist, so beglückwünsche ich Sie hiermit und wünsche Ihnen, dass dies für Sie auch weiterhin so sein wird.

Im Grunde genommen können Sie auch gleich aufhören dieses Buch zu lesen, denn ich werde Ihnen bestimmt nichts Neues erzählen, was Sie nicht ohnehin schon praktizieren. In diesem Fall schenken Sie das Buch eben einfach jemandem, von dem Sie meinen es würde ihm gut tun, sich so zu fühlen wie Sie es tun.

Aber zurück zu den Veränderungen: Nun, viele Menschen sind der Meinung, echte Veränderungen können nur sehr schwer, also mit einem enormen Aufwand an Kraft, Zeit, Energie und Geld vonstatten gehen. Manche Menschen sind sogar der Meinung, gewisse Veränderungen könn(t)en überhaupt nicht vollzogen werden. So brachte mir z. B. vor ein paar Jahren in einer Diskussion die Aussage „Energie wird in Zukunft billiger werden, es ist doch genug vorhanden" nur Skepsis ein. Wie bitte soll Energie billiger werden, wenn überall nur davon gesprochen wird, dass Öl und Gas immer knapper werden und auch die Sache mit Sonne und Wind nur sehr schwierig und kostenintensiv gehandelt werden kann? Aktuell zum Beispiel sinkt der Ölpreis wieder, das hätte vor ein paar Jahren so niemand für möglich gehalten.

Es soll hier nun aber nicht im Detail um solch ein Thema gehen. Ich möchte Sie nur ein wenig dafür sensibilisieren, dass der Mensch geneigt ist, immer in bestehenden „Bahnen" und Strukturen zu denken. Denken wir doch nur einmal daran, dass früher der allgemeingültige Glauben herrschte, die Erde sei eine Scheibe. Jeder, der etwas anderes zu behaupten wagte, konnte sich seines Lebens nicht mehr sicher sein. Und als die Welt durch die Erfindung der Eisenbahn immer schneller zu werden schien, errechneten Wissenschaftler, dass der Mensch bei permanenter Überschreitung der Geschwindigkeit von 30 km/h dem Tode ausgesetzt sein würde.

Kann man an eine Veränderung glauben, so kann sie auch erfolgen.

Ziele

Um nun Veränderungen in die Wege zu leiten und sie Realität werden zu lassen, ist es von enormer Wichtigkeit zu wissen, was Sie denn eigentlich in Ihrem Leben erreichen möchten.
Viele Menschen wissen, was sie nicht möchten, wenige wissen was sie (wirklich) möchten.

Warum sind Ziele denn überhaupt wichtig? Ist es nicht schön, einfach nur in den Tag hinein zu leben? Schauen Sie sich um, alles, was Sie sehen, hat den Ursprung in einem Ziel, einer Idee. Egal ob es ein e-Book, das Automobil, der Computer ist. Alles hat seinen Ursprung in einer Idee, einem Ziel, das es zu verwirklichen galt.

Was meinen Sie, wie ich ausgelacht worden bin, als ich früher erzählte, dass ich mich gerne selbstständig machen würde, um ganz einfach Ich zu sein, mein Leben ohne „wenn und aber" zu leben. Mein Leben zu leben, so wie ich persönlich es für gut befinde - und aus den Ideen heraus, welche mich tagtäglich durchfluten, Dinge entstehen zu lassen. Zugegeben, ein Zuckerschlecken ist/war das nicht ständig. Gemessen am Wohlfühlfaktor jedoch ein echter Gewinn!

Was muss also geschehen, damit man Ziele in die Tat umsetzt? Man muss sie realisieren - und zwar ohne *wenn und aber*!

Aber vor dem Realisieren der Ziele steht erst einmal die Zielfindung!

- *Was* sind Ihre Ziele?

- *Was* erwarten Sie sich vom Leben?

- *Wie* würde Ihr Leben aussehen, wenn Sie es, ohne *wenn und aber*, genau so leben könnten, wie Sie es wollen?

Viele Menschen wünschen sich zuerst einmal materielle Dinge: Geld, häufig in Urlaub fahren zu können, teure Autos, Schmuck etc. - Überlegen Sie! Wie lange würde Ihnen das gefallen?

Wie ist es wirklich mit dem Geld?

- *Was* ist es *wirklich*, was das Geld so interessant macht?

- *Was* wäre anders, wenn Sie Millionär(in) wären?

Sehr viele Menschen denken, sie wären dann angesehen, bräuchten nicht mehr täglich in die Arbeit gehen, könnten sich alles kaufen. Auch hier gilt es wieder, genau nachzufragen, zu hinterfragen: Meinen Sie tatsächlich, Ihr Nachbar oder die Frau vom Kiosk oder wer auch immer würde Sie dann mit einem höheren Ansehen bedenken? Warum, und aus welchem Grunde sollte er oder sie das tun? Ist das Ansehen durch andere Menschen für Sie außerdem so wichtig? Glauben Sie ernsthaft, Sie wären dauerhaft glücklicher, wenn Sie sich alles kaufen könnten? Was sind die Gründe, die Sie dieses vermuten lassen? Worin haben diese Gründe Ihren Ursprung?

Geld ist sicherlich etwas sehr Schönes, es kann einem ein gewisses Maß an Sicherheit vermitteln; Geld zu haben kann beruhigen. Und es ist wirklich etwas Schönes und bewirkt sehr angenehme Gefühle, wenn man sich etwas kauft, das man sehr gerne haben möchte. Nur, zu denken, dass Geld all Ihre Probleme löst, wäre wohl ein wenig naiv. - Wenn man Menschen fragt, die wirklich zufrieden mit sich und ihrem Leben sind und auch noch über ein (relatives) Übermaß an Geld verfügen, wie sie zu Geld stehen, welchen Stellenwert sie ihm einräumen, bekommt man häufig eine Antwort in etwa folgender Art:

Wenn man *das* Leben führt, das man aus tiefstem Herzen heraus führen möchte, dabei nicht faul ist und seine persönlichen Ziele verfolgt (Arbeit), so stellt sich der Geldfluss von ganz alleine ein.

Überprüfen Sie es! Achten Sie jedoch darauf, dass Sie Menschen befragen, bei denen Sie das Gefühl haben, dass sie authentisch sind und Ihnen ehrlich antworten.

Was sind also wirklich Ihre Ziele? Um das herauszufinden, sollten Sie sich an dieser Stelle ein paar Notizen machen:

- *Was* erwarten Sie vom Leben?
- *Welche* sind Ihre Werte?
- *Was* ist Ihnen am wichtigsten in Ihrem Leben und was sind die Gründe hierfür?
- *Wie* (im Detail) definieren Sie Erfolg? *Wann* und vor allen Dingen *woran* merken Sie, spüren Sie, dass Sie erfolgreich sind?

Sollte Ihnen die Beantwortung der Fragen gerade

noch etwas schwer fallen, so nutzen Sie folgenden Trick: Stellen Sie sich vor, dieser wäre Ihr letzter Tag.

- *Was* hat Sie in Ihrem Leben am meisten beeindruckt?
- *Welche* Person respektieren Sie am allermeisten?
- *Was* hätten Sie gerne noch getan, wenn man Ihnen die Zeit dafür noch schenken würde, und wie würden Sie es anstellen?

Sollten Sie jetzt zwar wissen, was Ihr Ziel ist, sich aber noch nicht so ganz sicher sind, ob es auch wirklich Ihr Ziel ist, so stellen Sie sich weiterhin folgende Fragen:

- Gibt es irgendwelche Gründe (Glaubensmuster), welche mir die Erreichung des Zieles verbieten? Falls ja, welche? – Arbeiten Sie nun diese Glaubensmuster auf und wandeln Sie sie in positive Glaubensmuster um, so dass nichts mehr gegen die Erreichung des Zieles spricht.
- Entspricht dieses Ziel tatsächlich Ihren Werten? – Haben Sie dieses Ziel schon sehr lange? Ist es wirklich Ihr persönliches Ziel oder haben Sie es vielleicht von irgendjemandem übernommen?
- *Was* sind die Vorteile dieses Zieles? *Was* ist, wenn Sie dieses Ziel erreicht haben? Wofür ist das gut, wichtig, hilfreich? – Fragen Sie immer weiter, so lange bis es kein „weiter"

mehr gibt... Gibt es evtl. ein Ziel hinter dem Ziel?

- *Wie* und *woran* werden Sie merken, dass Ihr Ziel erreicht ist?

- Welche Auswirkungen wird es haben, wenn Sie Ihr Ziel erreicht haben?

Wenn Sie sich absolut sicher sind, was Ihr Ziel ist, so werden Sie evtl. feststellen, dass dieses Ziel (momentan noch) sehr weit entfernt ist. „Wie um Himmels Willen soll ich da hinkommen, das kann ja gar nicht funktionieren...", mag man sich vielleicht fragen.

Wie Sie bereits gelernt haben, steht zu allererst einmal die Idee, das Ziel! Dieses Ziel haben Sie nun herausgearbeitet und sind fest davon überzeugt, es erreichen zu können. Prüfen Sie nun, was genau es zu tun gibt, um das Ziel zu erreichen:

Gibt es etwas, das gelernt oder getan werden muss (evtl. in kleineren Unterschritten = Zwischenzielen), damit Sie Ihr Ziel erreichen können? Gibt es Ressourcen (Stärken in Ihnen oder Ihrem Umfeld), welche Sie gezielt zur Erreichung Ihres Zieles einsetzen können?

Diese Ressourcen können sein:

- Menschen oder Institutionen, die Sie kennen oder die Erfahrungen in den Bereichen besitzen, welche mit Ihrem Ziel in Zusammenhang stehen.

- Kräfte aus der Vergangenheit: Haben Sie evtl. schon früher ähnliche oder vergleichbare

Ziele erreicht? Wie haben Sie das damals geschafft?

Sie haben nun schon jede Menge „Werkzeug" beisammen: Die Definition Ihres Zieles, mögliche Vorbereitungen, um das Ziel zu erreichen und die Durchleuchtung Ihrer ganz persönlichen Ressourcen. Aus dieser Energie heraus kann (und wird) sehr viel Gutes geschehen, wenn:

- Sie das Endziel in kleine Zwischenschritte aufteilen. So ist es überschaubarer – und vor allen Dingen auch messbarer.

- Sie Ihr Ziel nie aus den Augen verlieren.

- hart an der Erfüllung Ihres Zieles arbeiten, sich nicht „Sand in die Augen" streuen lassen und Sie nicht meinen, an möglichen Hürden oder Misserfolgen scheitern zu müssen.

Wenn Sie Ihr Ziel erreichen wollen, so geben Sie es niemals auf!

Sicher ist es manchmal im Leben angebracht, sich umzuentscheiden: Wenn man merkt, dass eine Entscheidung, ein Weg oder das Ziel selbst einen nicht glücklich machen oder jemandem schaden, sollte man die Sache noch einmal überdenken. Sind Sie jedoch sicher, dass Sie ein Ziel erreichen wollen, so dürfen Sie niemals aufgeben. Jeder scheinbare Misserfolg ist nichts anderes als die Erkenntnis, dass die gewählte eben nicht die Methode war, die zum Ziel führte.

Bedenken Sie:

Alles, was in der realen Welt passieren soll, muss zuerst imaginär erlebt werden! Erinnern wir uns doch gerade an das erlernte „Anpeilen"... Dies ist die nachfolgende Aufgabe: Peilen Sie Ihr erstes Zwischenziel an! Denken Sie daran, gehen Sie in einen entspannten Zustand.
Gehen Sie in die zu erreichende Situation hinein, was sehen Sie, was fühlen Sie, was erleben Sie? Spielen Sie, probieren Sie aus... Alles ist möglich. Tauschen Sie Rollen, verändern Sie, was Ihnen noch nicht so gut gefällt... Ist alles so, wie es sein soll, begeben Sie sich vollkommen in die Vorstellung hinein. Schauen Sie sich alles an und erleben Sie... Achten Sie auf Ihre Gefühle, erlauben Sie sich, diese Gefühle vollständig zu erleben. Das Ziel sollte Ihnen bis ins letzte Detail vertraut sein, fühlen Sie sich so, als wäre es schon immer so. Es ist enorm wichtig, dieses Ziel so zu erleben, als wäre es schon absolut real. Gelingt Ihnen das nicht gleich auf Anhieb, so tun Sie einfach so, als ob es Ihnen gelänge.

Allein der Gedanke an Ihr Ziel soll, egal was Sie gerade machen, absolute Freude und Begeisterung auslösen! Je mehr Sie eine Sache mit Freude angehen, umso größer ist die verfügbare Energie, mit der Sie arbeiten können.

Was passiert?

Je mehr Sie von einer Sache überzeugt sind, umso mehr arbeitet Ihr Unterbewusstsein in die entsprechende Richtung. Oder anders: Wenn Sie wahrhaftig an einem Traum arbeiten, dann arbeitet dieser Traum auch in und an Ihnen. Dinge geschehen, Wege ebnen sich, Sichtweisen ändern sich und öffnen Tore bzw. Möglichkeiten, aus denen wieder etwas Neues entsteht. Konzentrieren Sie sich nur auf die **Lösung**, auf das Erreichen des Zieles. Lenken Sie Ihre gesamte Aufmerksamkeit einzig auf das Ziel, alles andere würde Ihnen nur unnötig Energie und Zeit rauben.

Oder um es mit Goethe zu sagen:
Dinge, die viel bedeuten, sollten niemals abhängig sein von Dingen, die weniger bedeutsam sind.

Achten Sie beim „Anpeilen" jedoch darauf, nicht den „Boden unter den Füßen" zu verlieren! Ein Fehler, den Menschen häufig machen, ist, entweder zu sehr in der Vergangenheit zu leben oder zu sehr in der Zeit, die einmal sein wird. Wie gesagt, „Anpeilen" ist richtig und wichtig. Das Leben findet jedoch in der Realität statt, und dessen sollten Sie sich zu jeder Zeit bewusst sein!

In diesem Zusammenhang ist auch eine permanente Besinnung auf die eigenen Werte sehr wichtig. Auch, wenn das Ziel in greifbarer Nähe scheint (egal ob imaginär oder real), es jedoch nicht Ihren Werten entspricht, so ist es ganz einfach nicht die Erreichung Ihres wahren Zieles und ein „Zugreifen" wird Sie nicht glücklich machen.

Es gilt also:

- um die eigenen Werte zu wissen.
- um die eigenen Ziele zu wissen.
- das Ziel in kleinere Zwischenziele aufzuteilen.
- „Anzupeilen" in Gedanken und Gefühlen.
- im Hier und Jetzt zu leben.

- dadurch Ihr Ziel zu erreichen.

Im Nachhinein, und das werden Sie mir aus eigener Lebenserfahrung heraus bestimmt bestätigen können, war letztendlich doch auch immer der Weg zum Ziel hin das wirklich Schöne, Lehrreiche und Interessante.

Mentales Training

Bis zu diesem Zeitpunkt haben Sie also gelernt, wer Sie wirklich sind und auf was Sie im Leben zu achten haben, um ein freieres und glücklicheres Leben führen zu können. Auch Ihre Ziele haben Sie genauer definiert und wie Sie eben diese erreichen können. Oftmals ist es jedoch so, dass wir zwar um vieles wissen, uns die Umsetzung dessen allerdings schwerer machen, als es sein müsste. Und so möchte ich es nicht versäumen, hier auch noch die Thematik des mentalen Trainings (auch die Technik des „Anpeilens" ist ein Bestandteil davon) anzusprechen.

Die Begriffe „Mentaltraining", „Mentalcoaching" etc. hört man aktuell immer öfter und es entwickelt sich daraus auch mehr und mehr ein Markt, der natürlich bedient wird. Wir wollen uns hier auf das notwendige Maß beschränken, das uns bei der Thematik des „Selbstcoachings" weiterhilft, das dazu führt, dass Sie ein glückliches, gesundes, selbst bestimmtes und erfolgreiches Leben führen können. Wie ebenfalls bereits behandelt, sind es Ihre Gedanken und Gefühle, welche Sie die jeweiligen Situationen interpretieren lassen und so dafür verantwortlich sind, ob Sie dabei Freude oder Leid empfinden. So ist es also wichtig, den Dingen und Ereignissen im Leben eine positive Betrachtungsweise zu widmen. Wir wissen ja bereits, dass u. a. unser Unterbewusstsein dafür verantwortlich ist, welche Situationen wir im Leben ansteuern und wem wir auf welche Weise begegnen. Und so ist uns nun auch klar, wie wichtig es ist (Schritt für Schritt), die unbewussten Gedanken in die richtige Richtung zu lenken. Gemeint sind die Gedanken, welchen Sie nachhängen, wenn Sie zum Beispiel einfach nur so

„vor sich hin dösen", im Halbschlaf sind, vor einer roten Ampel stehen und ins „Nichts" blicken (in Bayern nennt man das ein „Goasgschau"). Während dieser Zeit hängen sehr viele Menschen irgendwelchen Sorgen, Ängsten oder Unsicherheiten nach. Denken Sie einmal nach: Im Grunde verstärken Sie jedes Mal, wenn Sie sich mit solch unförderlichen Gedanken beschäftigen, diese auch noch, belasten sich selbst damit und ziehen sie im Grunde nur noch mehr an. Wie viele dieser Horrorvisionen aus dem täglichen Leben in Ihrem Kopf (*Was könnte nicht alles passieren, wenn...*) sind denn nun tatsächlich auch real eingetroffen (genauso unbewusst wehren Sie sie nämlich am Ende auch wieder ab!)?

Erkannt?! Warum ziehen Sie die schlechten Dinge erst an - um Sie danach wieder abzustoßen? Haben Sie sich schon einmal Gedanken darüber gemacht, wie viel Energie Ihnen solch ein Verhalten raubt? Sollten Sie sehr oft müde sein, also einen Mangel an Energie haben, so sollten Sie ab sofort nur noch positiv denken! Egal, um welche Situation es sich handelt, an irgendeinem Punkt, von irgendeiner Warte aus ist sie immer auch positiv!

Es mag evtl. ein wenig dauern, bis man sich selbst aus einem Strudel des Negativen herausgerudert hat. Wenn Sie jedoch ab sofort permanent nur positiv denken – das zunächst einmal versuchen -, wird es auch so sein, dass Ihnen, sobald Sie sich diesbezüglich selbst „gereinigt" haben, auch ein Vielfaches an Positivem begegnet.

Eine einfache Übung, um den alten Verhaltensmustern schnell und sicher zu entgehen ist:
Mit sich selbst einen „Deal" abzuschließen! Erlauben

Sie sich ab sofort, für den Zeitraum von nur einer Woche folgende Übung durchzuführen:

Machen Sie alles ab sofort anders als gewohnt bzw. eingespielt!

Zum Beispiel:

- Stehen Sie 5 Minuten früher oder später als bisher auf.
- Fahren Sie mit dem Bus in die Arbeit, anstatt mit dem Auto (oder auch umgekehrt, von mir aus auch mit dem Rad, gehen Sie zu Fuß – je nach Situation).
- Putzen Sie sich die Zähne mit der linken Hand.
- Lachen Sie, wenn Ihre Kinder Sie zur „Weißglut" bringen.
- Grüßen Sie Menschen, die Sie bisher nicht gegrüßt haben.
- Lassen Sie sich einen Bart stehen (oder nehmen Sie ihn ab) – wenn Sie ein Mann sind. Als Frau könnten Sie vielleicht eine neue Frisur ausprobieren. Eine Idee für beide Geschlechter: Ändern Sie etwas an Ihrem Kleidungsstil, das Sie schon lange ausprobieren wollten oder tragen Sie eine lange in der hintersten Ecke des Schranks vergessenes Kleidungsstück.
- Essen Sie Dinge, die Sie bis jetzt nicht interessiert haben und achten Sie ganz genau darauf, wie Ihre Geschmacksnerven darauf

reagieren (achten Sie *genau* darauf: schmeckt es am 5. Tag evtl. etwas anders als am 2.?)

- Etc. – Welche für Sie mögliche Gewohnheitsveränderung fällt Ihnen selbst noch ein?

Durchbrechen Sie so viele Gewohnheiten wie nur möglich und blicken Sie am Ende des 7. Tages zurück. Erinnern Sie sich und vergleichen Sie die Woche mit den davor liegenden Wochen. Der Energieschub, den Sie sich dadurch selbst verpassen, ist nicht nur enorm, er ist schon fast unglaublich!

Eine weitere Übung, um Ihre Energie zu steigern und Ihren Geist auf ein fantastisches Leben mit Wohlbefinden und guten Gefühlen einzustellen, ist diese:

Nehmen Sie sich ab sofort für einen Zeitraum von nur einer Woche fest vor, sich selbst nicht mehr ganz so ernst zu nehmen. Erlauben Sie sich auch, alles was auf Sie eindringt, nicht mehr ganz so ernst zu nehmen. Treten Sie einfach einen Schritt aus Ihrem bisherigen Leben heraus und beobachten, genießen Sie nur. Lächeln Sie, auch dort wo Sie bis jetzt der Meinung waren, es gäbe nichts zu lachen. Und denken Sie sich: *Was soll`s?*

Auch diese Übung brauchen Sie ebenfalls für nur eine Woche zu praktizieren!

Wenn Sie schon dabei sind, so können Sie diese auch gerne mit der erstgenannten Übung durchführen, sie ergänzen sich ideal. Was haben Sie zu verlieren?

Überlegen Sie doch nur, wie viele Wochen schon in Ihrem Leben vergangen sind. Und haben Sie erst nicht neulich zu jemandem (na, wer war es gleich wieder?) gesagt: „Wie schnell doch die Zeit vergeht"?

Erst einmal nur eine Woche! Erlauben Sie sich selbst, das Leben von einer anderen Seite kennenzulernen, zu dem Zweck, sich dadurch selbst gute Gefühle zu bescheren! Es gibt dafür keinen besseren Zeitpunkt als JETZT. Jetzt sofort, hier, heute und gleich auf der Stelle!

Und zur Wiederholung, so dass es sich nun auch richtig in Ihrem Unterbewusstsein verankert, das schon immer das Beste für Sie wollte und aus der Fülle der Möglichkeiten, stets bestrebt ist, das Beste für Sie herauszusuchen um Sie ein glückliches, gesundes, freies und selbst bestimmtes Leben führen zu lassen, noch einmal die Technik des „Anpeilens" in Reinform. So haben Sie die Möglichkeit, sich künftig selbst einen Ruhepol in Ihrem Leben zu schaffen, der es Ihnen zugleich erlaubt und ermöglicht, persönliche Weichen zu stellen, Realitäten probeweise zu betreten, um Sie zu verbessern und bei Gutbetrachtung ganz gezielt in Ihr neues Leben einfließen zu lassen:

1. Entspannen Sie sich (denken Sie an Ihre Zeigefinger und Schläfen).

2. Schließen Sie die Augen.

3. Schauen Sie nach oben in Richtung Nasenwurzel (schon nach wenigen Sekunden wird Ihr Gehirn vermehrt Alphawellen produzieren).

4. Lassen Sie los...

5. Werfen Sie den Wunsch XY in dieses Loslassen

6. Erlauben Sie sich selbst, Bilder, Gefühle, Töne etc. wahrzunehmen, lassen Sie sich dabei treiben...

7. In diesem Zustand des „Flusses" stellen Sie sich vor, die Dinge wären schon so, wie Sie es gerne hätten.

8. Spielen Sie nach Belieben mit den Dingen herum, tauschen Sie aus, was Ihnen noch nicht so gut gefällt. Und wenn es sich gut anfühlt, es genau so ist, wie es sein soll, Sie selbst sich einfach nur gut dabei fühlen, so gehen Sie vollkommen – und mit allen Sinnen – in die Situation, in die Details hinein...

9. Schauen Sie sich um: Wie ist der äußere Rahmen, wie gefällt Ihnen Ihre Umgebung?

10. *Was* machen Sie?

11. *Wie* fühlt sich das alles in Bezug auf Ihre Werte an?

12. *Was* tun Sie, was ist jetzt anders?

13. *Welche* Fähigkeiten leben Sie?
    Können Sie jetzt mehr, oder setzten Sie evtl. Ihre Fähigkeiten anders ein?

14. *Was* glauben Sie, was sind Ihre Werte, Ihre Motivation?

Wiederholen Sie diese Übung möglichst täglich. Wenn es gerade passt, so führen Sie sie ganz locker durch. Mentale Prozesse, welche permanent wiederholt werden, bilden in Ihrem Gehirn ganz spezielle neurale Bahnen („Nervenautobahnen"). Je häufiger die Wiederholung, desto mehr wird die jeweilige neurale Bahn ausgebildet. Nutzen Sie also Ihr Gehirn und die Vielfalt der Möglichkeiten, welche es Ihnen bietet!

Aufarbeiten der Vergangenheit

Wenn Sie zurück blicken und Ihr jetziges Lebensgefühl vergleichen mit dem, welches Sie noch verspürten, bevor Sie begonnen haben, in diesem wundervollen Buch zu lesen, so werden Sie feststellen, dass sich eben dieses Lebensgefühl enorm verbessert hat. Sie sehen also selbst, wie einfach es doch sein kann, Dinge im Leben zu verändern, sobald man es sich erlaubt hat in einfacher, jedoch sehr effektiver Art und Weise an sich selbst zu arbeiten. Und so kommen wir an dieser Stelle zu der Aufarbeitung der Vergangenheit. *Betrifft diese Aufarbeitung nicht letztlich jede Stelle des bereits Behandelten?*, mögen Sie sich selbst nun vielleicht fragen. In der Tat! Manchmal ist es jedoch so, dass einem ein bestimmter Glaubenssatz durchaus bewusst ist. Auch die Entstehung des Glaubenssatzes mag vollkommen klar sein. Die Auflösung und Umgestaltung jedoch erweist sich als richtiggehend zäh. In einem solchen Fall dient die Technik der „Auflösung der Vergangenheit" guten Zwecken.

Gehen wir von folgendem Beispiel aus:

Sie wurden in der Kindheit über einen längeren Zeitraum von Ihren jeweiligen Bezugspersonen geprägt. Ein bestimmtes Glaubensmuster wie zum Beispiel „Sicherheit steht zu jeder Zeit an oberster Stelle" ist fest in Ihnen verankert. Da Sie jedoch Ihre eigenen Ziele und Träume verwirklichen möchten, ist es hier und da notwendig, den Pfad der (absoluten) Sicherheit zu verlassen. Dies führt immer wieder zu inneren Konflikten. Mit dem Ergebnis, dass Ihnen das Leben in der Sicherheitszone ebenso wenig Spaß macht wie ein Leben außerhalb von ihr...

So kommen wir also zur Vorgehensweise durch die „Vergangenheitsmethode":

Denken Sie an Ihre damaligen Bezugspersonen. Welche Person hat Sie in diesem Zusammenhang ganz besonders geprägt? Nun denken Sie an einen Film (Serie, Kino, Video etc.), welchen Sie sich zur damaligen Zeit mit der Bezugsperson angesehen haben - und Sie sich genau daran erinnern können, dass hier Emotionen flossen.

Gemeint sind zum Beispiel TV-Serien, welche man sich regelmäßig gemeinsam ansah und bei der jeder seine Meinung bzw. persönliche Interpretation der Dinge mit einbrachte. Oder auch ein Film, der Sie und die Bezugsperson berührte. (Wenn das so ist, wird es nicht immer ausgesprochen – man spürt es aber dennoch.)

(*Sollte es diesbezüglich keinen Film, keine Kassette etc. geben – so können Sie im entspannten Alphazustand auch gerne an eine x-beliebige Situation in Ihrem Leben denken, welche sowohl emotional aufgeladen war, als auch zugleich in einem direkten oder indirekten Zusammenhang mit jenem Glaubensmuster steht - vielleicht fällt Ihnen ja auch nur ein Gespräch der Bezugsperson mit dem Nachbar XY ein, welches Sie in irgendeiner Weise auf sich bezogen haben....*).

Sehen Sie sich diesen Film an und lassen die damals gespürten Gefühle, Gedanken, Eindrücke usw. wieder hochkommen.

Überdenken Sie Ihren ganz persönlichen Standpunkt – zum einen von Ihrer damaligen Warte aus, zum anderen mit Ihrem heutigen Wissen und Ihren bis jetzt erworbenen Fähigkeiten.

Je nachdem, um was es gerade geht, interpretieren Sie die Dinge neu. Betrachten Sie damaligen Bezugspersonen sowohl aus Ihrem damaligen Alter und Wissen heraus, als auch mit Ihrem aktuellen Wissen.

Vergleichen Sie, erlauben Sie sich gedankliche Veränderungen vorzunehmen.

Tauchen Sie ein in eine neue, für Sie gesündere Sichtweise....

Fühlen Sie sich, wenn Sie wollen, auch in die jeweilige andere Person ein, welche Sie zur damaligen Zeit prägte und verfahren ebenso....

Was dachte diese damals?
Was war Ihr (ihr) Ziel?
Etc.

Das Ziel dieser Übung ist, den Gleichklang Ihrer Gefühle zu erreichen, sobald Sie diese Situation, Person, dieses Glaubensmuster denken.

Je mehr Sie erkennen

(*in unserem Beispiel, dass das Glaubensmuster „Sicherheit" das absolute Richtungsschild der Person XY war und von der anderen nur übernommen wurde. Zum damaligen Zeitpunkt war sie ganz einfach der Meinung, die andere Person hätte den „absoluten Durchblick*")

und es sich diesbezüglich gut in Ihnen anfühlt, umso mehr Energie sind für Sie verfügbar, da Sie sich nun nicht mehr unnötig mit negativen Denkprozessen selbst lähmen.

Tipp:

Schauen Sie sich den Film, je nachdem wie Sie mit manchen Gefühlen umgehen werden, einmal oder öfter an und lassen sich etwas Zeit dazwischen. So hat Ihr Unterbewusstsein genügend Zeit, die Dinge zu verarbeiten und aus der Fülle der Möglichkeiten die für Sie angenehmste und förderlichste herauszusuchen, welche Sie künftig ein Leben nach Ihren Vorstellungen leben lässt. Lassen Sie sich also Zeit, um an diese Gefühle heranzugehen. Befassen Sie sich schrittweise mit ihnen und den jeweiligen Situationen. Freuen Sie sich über die frei gewordene Energie und setzten Sie sie so ein, dass Sie ein weiteres Plus an Freude und Erfüllung fühlen.

Eine weitere Möglichkeit:
Sehen Sie sich im entspannten Zustand (evtl. eine selbst eingeleitete Trance?) ein Fotoalbum mit Personen und interessanten Ereignissen der Vergangenheit an und rekapitulieren Sie die Geschehnisse nach der bereits genannten Anleitung. Vergessen Sie nicht, sich auch ein Lieblingsbild (möglichst neutral) herauszusuchen, bei dem Sie sehr angenehme Gefühle verspüren. Sollten bei der Durchsicht der Fotos (bzw. Aufarbeitung der Vergangenheit) die Gefühle zu „hoch kochen", so verweilen Sie wieder ein wenig bei Ihrem Lieblingsbild, stabilisieren Sie sich und fahren Sie je nach Befinden im Anschluss oder bei Gelegenheit mit dem Selbstcoaching fort.

Die Einstellung zu Ihrem Körper

Was nützt uns der beste, hochtrainierteste Geist (der nun hoffentlich auch im Gleichklang mit Ihrer Seele ist), wenn wir unseren Körper dabei vernachlässigen würden? Körperliche Bewegung und Sport (insofern er für Sie durchführbar ist) gehören zu einem gesunden Leben dazu wie das Salz in der Suppe. Sollte Sport aus irgendeinem Grunde für Sie nicht möglich sein, so sind auch ausgedehnte Spaziergänge hilfreich. Bewegung, noch dazu in Verbindung mit frischer Luft, sind nicht nur für den Körper, sondern auch für unseren Geist eine Art Jungbrunnen.

Wir haben ja nun ausführlich gelernt, wie wichtig es ist, die Gedanken in förderlicher Art und Weise für uns arbeiten zu lassen. Wie können wir nun also auch unseren Körper für uns arbeiten lassen, was können wir für unseren Körper tun, so dass alles im Gleichklang ist?
Nun, um dies zu verdeutlichen, möchte ich Ihnen wieder einmal eine kleine Geschichte aus meinem Leben erzählen:

Seit meinem Schulabschluss hatte ich lang anhaltende Komplexe was Menschen anbelangte, welche ein abgeschlossenes Studium absolviert hatten. Unbewusst war ich der Meinung in meinem Leben etwas versäumt zu haben und nun unter einer „Bildungslücke" zu leiden, die mich „unter" andere Menschen zu stellen schien. Als sich irgendwann einmal ein Arzt meldete, um bei mir die Technik der Hypnose zu erlernen, bekam ich in der Nacht vor dem ersten Ausbildungstag Halsschmerzen und sonstige unangenehme Begleiterscheinungen. Ich dachte mir nichts dabei und machte das Beste daraus, was hätte ich auch tun sollen? Der Seminarteilnehmer kam von sehr weit her und war sicherlich schon angereist. Das Seminar nun noch kurzfristig abzusagen war also (fast) unmöglich. Im Laufe des Tages verbesserte sich meine körperliche Verfassung enorm und auch während des Rests der Seminartage fühlte ich mich zunehmend besser. Als es nach einiger Zeit wieder soweit war und sich der gleiche Arzt zu einer einwöchigen Weiterbildung angemeldet hatte, wiederholte sich die Situation. Im zwanglosen Gespräch während dieser Woche (und nachdem wir erfolgreich an der Thematik seiner, seit Jahrzehnten andauernden Kopfschmerzen gearbeitet hatten) sagte ich dem Seminarteilnehmer irgendwann, dass ich ihn bewundere, weil er Arzt ist und ich unterschwellig immer etwas traurig sei, wenn ich daran denke, dass ich keinerlei akademische Auszeichnung vorzuweisen habe. Der nette Herr bekräftigte mein Selbstwertgefühl, indem er mir mitteilte, das hätte ich doch gar nicht nötig. Vielmehr solle ich mir doch nur einmal bewusst machen, was ich hier eigentlich lehre und darauf achten, wer mich konsultiert. Weiterhin wies er mich darauf hin, dass ich die Symptome der Halsschmerzen etc. schon bei seiner letzten Ausbildung gehabt hätte und ob dies häufiger vorkomme. Nun, da ich so gut wie nie unter Halsschmerzen litt, brachte diese Unterredung einiges bei mir ins Rollen...

Was möchte ich Ihnen dadurch mitteilen? Nichts anderes, als dass unser Körper auf unsere Psyche reagiert und auch umgekehrt. Je mehr wir unseren Körper vernachlässigen, umso mehr kann die Psyche dabei leiden – und umgekehrt!

Wie die Geschichte mit den Halsschmerzen weiterging?

Seit diesem Gespräch habe ich weder Komplexe Akademikern gegenüber, noch diesbezüglich körperliche Symptome (bitte beachten Sie: Da kam der Herr, um Hypnose zu lernen und kurierte mich letztlich durch ein Gespräch mit „hypnotischem Charakter" ... – An dieser Stelle ein herzliches Dankeschön!).

Aber zurück zum Thema:
Im Grunde ist es so, dass unser Geist, sobald er eine Bedrohung (welcher Art auch immer) wahrnimmt, mit folgenden Symptomen reagiert:

- Der Herzschlag beschleunigt sich sofort.
- Die Pupillen erweitern sich.
- Muskeln spannen sich an.
- Der Verdauungsprozess kommt nahezu zum Stillstand.
- Der Blutruck steigt.
- Das Immunsystem wird unterdrückt.

Dies alles passiert in Sekundenschnelle - von jetzt auf gleich. Beispielsweise bei einem Überfall: Das menschliche System fährt sich blitzschnell zurück, um zu entscheiden, was in diesem Moment am sinnvollsten ist. Alle Ressourcen machen Platz für diese Entscheidung und die evtl. nachfolgend benötigten Kräfte, wie zum Beispiel für eine Flucht etc.

Diese Reaktion des menschlichen Organismus hat

seinen Ursprung in früheren Zeiten, als Gefahr immer physischer Natur war. Heutzutage sind Bedrohungen oft psychischer Natur bzw. durch Wegrennen nicht zu lösen. Dennoch regiert unser System noch genauso wie das der Menschen in der Steinzeit.

Vielleicht haben Sie es ja selbst schon erlebt oder davon gehört, dass der Mensch in Ausnahmesituationen über eine Unmenge von Kräften, Wissen etc. verfügt. In diesem Moment zählt nur das Eine (das tief und fest installierte Programm: Überleben!) - alles Andere macht dafür Platz. Wenn diese „Bedrohung" (sie muss noch nicht einmal real sein, wir kommen noch darauf) nun über einen längeren Zeitraum anhält, so reagiert der Körper mit diversen Symptomen (die Funktion des Immunsystems wird geschwächt).

Und jetzt denken Sie bitte zurück an unser kleines Beispiel, als Sie sich die sexuell sehr anziehende Person vorstellten und in dieser, Ihrer Vorstellung noch ein kleines Stückchen weiter gingen. Sicherlich können Sie sich noch daran erinnern, wie sehr Ihr Körper auf diese Vorstellung reagierte.

Was passiert? Der Körper kann dabei nicht zwischen einer realen oder einer vorgestellten Situation unterscheiden, für ihn ist beides gleich real!

Wenn Sie sich also häufig selbst unnötige Sorgen und Ängste bereiten, so setzen Sie Ihren Körper permanent unter Stress, unterbrechen Ihr Verdauungssystem (*sind Sie evtl. zu dick?!)* und unterdrücken Ihr Immunsystem.

Wollen Sie das wirklich?

Es ist auch hier wieder einmal ganz / relativ einfach:

Eine gelebte optimistische (positive) Grundeinstellung stärkt Ihr Immunsystem enorm! Wenn Sie es sich also dauerhaft erlauben würden, Ihr Leben aus einer positiven Perspektive heraus zu betrachten und Ihre Erlebnisse und bereits gemachten Erfahrungen positiv zu interpretieren, so würden Sie in ALLEN BEREICHEN einen sehr großen Nutzen daraus ziehen.

Wollen Sie sich das entgehen lassen?

So haben Sie nun also auch gelernt, wie Sie Ihre Psyche einsetzen können, um in positivster Art und Weise auf Ihren Körper einzuwirken. Wollen Sie nun auch erfahren, wie Sie Ihren Körper dafür einsetzen können, positiv auf Ihre Psyche einzuwirken?

Hat ein Mensch sich also selbst psychisch andauernd unter Stress gebracht und seinem Körper somit signalisiert, er müsse sein System „herunterfahren", so ist der beste Weg, dem Körper diese überschüssigen Spannungen (diese Energien) wieder zu entziehen - in dem Sie ihn bewegen! Es muss ja nicht immer gleich „Extremsport" sein. Oft hilft schon ein ausgedehnter Sparziergang an der frischen Luft (Sonnenlicht wirkt zudem belebend).

Detailliert: Im Körper sind nach der „Falschdenkerei" viel zu viele Spannungen und unförderliche Energien gespeichert. Entzieht man ihm diese Energien wieder, ist alles im Gleichklang und auch die Psyche fühlt sich wieder besser.

PS: Natürlich braucht ein gesunder Körper auch noch ein ausgewogenes Maß an gesunder Ernährung und ausreichend Wasser.

Detailarbeit am Beispiel Geld

Im Grunde bin ich der Meinung, wahren Reichtum gibt es nur im Herzen, im Gefühl. Trotzdem bin ich auch materialistisch veranlagt, warum auch nicht?!

Wir haben das Thema Geld ja nun schon mehrmals angeschnitten und sind darauf gekommen, dass Menschen, die ihren Selbstwert nur über Geld definieren, wohl ein unbewusstes Problem mit sich herumtragen. Ebenso die Menschen, welche reichen Menschen (hier monetär gesehen) alles neiden und eben diesen pauschal unterstellen, „Verbrecher", „moralisch nicht sauber" zu sein. Nun, letztlich läuft es wohl immer auf das Gleiche heraus. Jedoch möchte ich hier eine ganz bestimmte Sichtweise herausgreifen, die relativ viele Menschen zu haben scheinen, um die es in diesem Kapitel gehen soll.

Manche Menschen sind unbewusst der Meinung, Geld sei etwas „Schlechtes" oder würde etwas Negatives „anhängen". Vielleicht wurden dem ein oder anderen ja Pauschalisierungen eingetrichtert wie:

- Alle Reichen sind Verbrecher.
- Zum reich Sein muss man in die jeweiligen Kreise hineingeboren worden sein.
- Reich sind die Anderen.
- Uns steht das nicht zu.
- Geld macht unglücklich.
- Wenn du Geld hast, hast du keine wahren Freunde.

Sie ahnen es bereits: Diese Menschen unterliegen negativen Glaubensmustern. Ein Detail solcher Glaubensmuster kann jedoch enorm hartnäckig sein und wird zudem als solches oft auch nicht treffend erkannt. Die Folge davon ist, dass es unterschwellig weiter wirkt und nicht in der Art und Weise aufgelöst wird, wie es wohl nötig wäre, um sich in positiver Art und Weise dem Geldverdienen zuwenden zu können. Es geht hier um die Energie des Geldes. Im Allgemeinen ist gängige Lehrmeinung: Die Energie des Geldes ist neutral. Das heißt, Geld unterliegt weder negativen noch positiven Schwingungen und ist einfach nur Geld – eben Mittel zum Zweck.

Dies ist einerseits vollkommen richtig, und genau betrachtet ist Geld doch auch nichts anderes als:

- bedrucktes Papier.
- Prägungen auf diversen Metallen.
- virtuelle Zahlen auf Papier, im Computer o. ä.

Streng betrachtet gibt es noch nicht einmal einen realen Gegenwert all des Geldes, welches im Umlauf ist.

Geld hin, Geld her, manche Menschen scheinen es unbewusst irgendwie abzulehnen (sicherlich, auch dies ist ein Glaubensmuster), und egal wie tief diese Menschen auch mit der Thematik dieses Glaubensmuster arbeiten, sie beharren auf der Meinung, Geld hätte eine negative Energie. Und genau aus diesem Grunde lehnen sie (unbewusst) Geld bzw. monetären Reichtum ab. Nun, das wäre ja nun auch nicht weiter schlimm, jeder nach seiner Fasson, jeder wie er gerne möchte...

Nur, ohne Geld zu leben funktioniert in dieser, unserer Welt nicht - und so haben diese Menschen irgendwann ein Problem

- mit der Beschaffung von Geld für notwendige Dinge.

- mit der Bezahlung diverser Rechnungen.

- mit Menschen, welche Geld durchaus als etwas Positives betrachten und es sogar anhäufen.

- mit dem Aufbau des Grundsystems unseres sozialen Zusammenlebens.

- Etc.

Was also ist es, dass diese Menschen Geld in ihrem tiefsten Inneren mit solch einer negativen Energie belasten? Wenn man diesem Glaubensmuster etwas tiefer auf den Grund geht, kommen oft Werte zum Vorschein, in etwa durch Aussagen wie:

- Global betrachtet gibt der Mensch Billionen von Dollar für die Rüstungsindustrie, Kriege etc. aus.

- Es gibt sehr große Budgets für die Erkundung des Weltalls etc.

- Der Mensch ist in der Lage, von Satelliten aus und mit riesigen Objektiven die Gänseblümchen im Garten der Person XY zu zählen.

- ... aber für die globale Abdeckung der Versorgung mit Grundnahrungsmitteln etc. scheint es keine durchführbare Lösung zu geben...

Und aus diesem Hintergrund heraus glauben diese Menschen nicht, dass es sich nur um ein Muster handelt bzw. schieben ihr Wertebewusstsein vor dieses Muster - und somit einen Riegel vor die eigene Bereicherung. Wie also nun wieder herauskommen aus diesem „Kreisel" der negativen Bewertung des Geldes?

Sie werden es sicher schon ahnen... Genau!

Sobald sich diese Menschen dessen bewusst sind, dass niemandem geholfen ist, wenn sie Geld nur ablehnen, bröckelt auch der letzte Widerstand und es können gezielt Ziele und Ressourcen mobilisiert werden. Haben diese Menschen erst einmal verstanden, dass sie ihre Werte evtl. noch besser durchsetzen bzw. leben können, wenn sie selbst über genügend Geld verfügen oder in der Lage sind, dieses zu rekrutieren, so sind sie in der Lage, diesbezüglich eine gewaltige Motivation zu entwickeln, sprich Energien freizusetzen...

Oftmals gibt es da noch eine unterschwellige Angst, welche wiederum auf einem erneuten Glaubensmuster beruht, nämlich: Geld verändert die Menschen negativ.

Und so haben sie Angst vor ihrer eigenen Metamorphose.

Auch dies kann nach vorgenannten Anleitungen angegangen werden. Ist es geklärt, so findet sich hier rasch ein Ziel, wie mit dem erworbenen Geld verfahren werden könnte. Beispielsweise in der Form, dass es durchaus zu Zwecken eingesetzt werden kann, die im Sinn der jeweiligen, und zu Beginn hinderlichen, Werte sind, so dass diese Werte dann nicht mehr hinderlich, sondern im Nachhinein betrachtet ein positiver, förderlicher Ansatz (oder sogar als das Ziel selbst) werden.

Da Geld nun nicht mehr ein Gegenstand, ein Stein des Anstoßes oder Ähnliches ist, sondern als ein Mittel zum Zweck angesehen wird - was es letztlich ja auch ist!, nämlich zu dem Zweck, die persönlichen Werte zu leben - wird Geld nicht mehr weiter als mit „negativer Energie" behaftet angesehen. So ist es nicht nur möglich, sondern wird zum Fakt, dass eben diese Menschen sich nun des Mittels Geld für ihre positiven Zwecke, die ihren Werten gelten, bedienen.

Warum ich Ihnen das dann alles erzähle?

Aus zweierlei Gründen:

Weil

α) die eben aufgeführte Auffassung weit verbreitet ist (*nur allzu oft liegt alles am Geld*).

und

β) weil ich Ihnen, wo wir nun langsam zum Schluss dieses Buches kommen, eine Coachingarbeit im Detail vorstellen wollte.

Es ging ganz einfach nur noch einmal darum, zu verdeutlichen, dass der Glaube beim Denken über allem steht. Kommen Sie hier scheinbar nicht weiter, so gilt es, erst einmal Werte zu überdenken und an Fähigkeiten zu arbeiten, um daran glauben zu können.

Nur, wenn Sie daran glauben können, dass es machbar ist, wenn Sie absolut davon überzeugt sind, dann wird es machbar sein!

Beste Grüße,
Michael Bauer

Weitere interessante Bücher und Hörbücher von Michael Bauer erhalten Sie auf

www.lifecollege.de